Monstruos Matemáticos™

HACER MAPAS

¿Dónde es la fiesta?

Basado en la serie de televisión pública
***Math Monsters*™, desarrollada en colaboración con el Consejo**
Nacional de Maestros de Matemáticas (NCTM).

por John Burstein

Consultora de lectura: Susan Nations, M. Ed., autora/tutora de alfabetización/consultora
Consultores curriculares de matemáticas: Marti Wolfe, M.Ed., maestro/conferenciante;
Kristi Hardi-Gilson, B.A., maestra/conferenciante

WEEKLY WR READER®
EARLY LEARNING LIBRARY

Please visit our web site at: **www.earlyliteracy.cc**
For a free color catalog describing Weekly Reader® Early Learning Library's list
of high-quality books, call 1-877-445-5824 (USA) or 1-800-387-3178 (Canada).
Weekly Reader® Early Learning Library's fax: (414) 336-0164.

Library of Congress Cataloging-in-Publication Data

Burstein, John.
    [Making maps. Spanish]
    Hacer mapas : ¿donde es la fiesta? / John Burstein.
      p. cm. — (Monstruos matemáticos)
    ISBN 0-8368-6673-8 (lib. bdg.)
    ISBN 0-8368-6688-6 (softcover)
    1. Map drawing—Juvenile literature. I. Title.
  GA130.B8718   2006
  526—dc22   2005036181

This edition first published in 2006 by
Weekly Reader® Early Learning Library
330 West Olive Street, Suite 100
Milwaukee, WI 53212 USA

Text and artwork copyright © 2006 by Slim Goodbody Corp. (www.slimgoodbody.com).
This edition copyright © 2006 by Weekly Reader® Early Learning Library.

Original Math Monsters™ animation: Destiny Images
Art direction, cover design, and page layout: Tammy West
Editor: JoAnn Early Macken
Translators: Tatiana Acosta and Guillermo Gutiérrez

All rights reserved. No part of this book may be reproduced, stored in a retrieval system,
or transmitted in any form or by any means, electronic, mechanical, photocopying, recording,
or otherwise, without the prior written permission of the copyright holder.

Printed in the United States of America

1 2 3 4 5 6 7 8 9 09 08 07 06

Usted puede enriquecer la experiencia matemática de los niños
ayudándolos cuando aborden la sección Esquina de Preguntas de
este libro. Tenga un cuaderno especial para anotar las ideas
matemáticas que sugieran.

Los mapas y las matemáticas

Hacer mapas puede ayudar a los niños a organizar y manejar el mundo que
los rodea. Esta actividad los ayudará a desarrollar su percepción espacial
en lo que se refiere a dirección, distancia y ubicación.

Conoce a los Monstruos Matemáticos™

Sumito se divierte
como ninguno.
"Resuelvo los problemas
uno a uno."

SUMITO

Restia vuela
de aquí para allá.
"Encuentro respuestas
en cualquier lugar."

RESTIA

Multiplex siempre
piensa por dos.
"Con mis dos cabezas
calculo mejor."

MULTIPLEX

Divi, gran amiga,
te saca de dudas.
"Cuenta conmigo,
si quieres ayuda."

DIVI

**Nos encanta que quieras mirar
el libro que te vamos a enseñar.**

**Cuando lo leas vas a descubrir
que las matemáticas te van a servir.**

**Comencemos, ¡es hora ya!
Pasa la página, ¡vamos a empezar!**

Los Monstruos Matemáticos estaban organizando una fiesta. Querían que todos sus amigos fueran.

Les escribieron tarjetas a todos sus amigos. Las tarjetas decían:
"Comeremos pasteles
e inflaremos globos.
Habrá muchos juegos
y canciones para todos."

¿A qué fiestas te gusta ir?

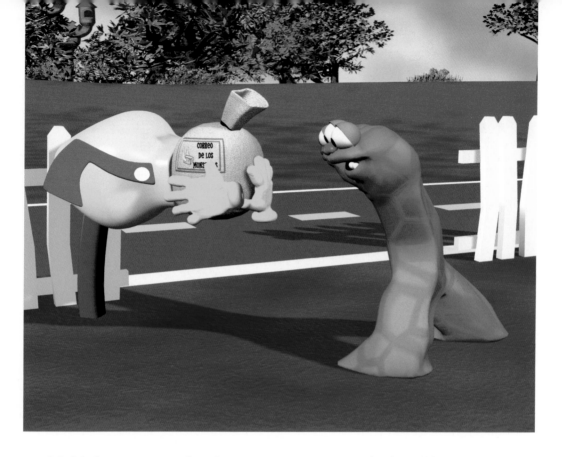

Multiplex puso todas las tarjetas en una bolsa. Y puso la bolsa en el buzón.

"Hay muchas tarjetas", dijo.

Al día siguiente, Big Bill llamó a los
Monstruos.

"Hola", dijo. "Recibí su tarjeta.
Quiero ir a su fiesta, pero no sé cómo
llegar a su castillo. ¿Pueden
ayudarme?"

*¿Qué pueden hacer
los monstruos
para ayudar a
Big Bill?*

"Le enviaremos un mapa por correo", dijo Sumito.
"Yo lo voy a dibujar", dijo Multiplex.

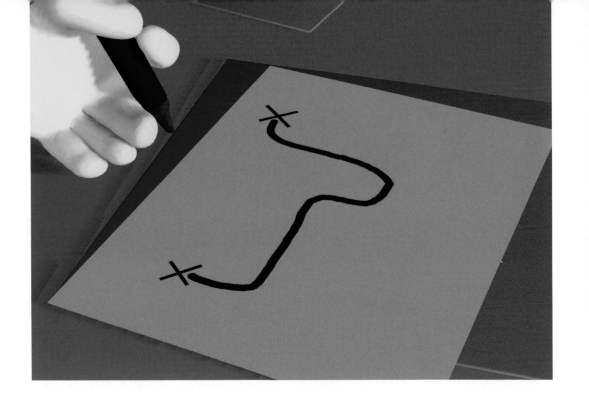

Multiplex agarró un papel y dibujó una línea larga. Marcó dos cruces.

"La cruz de arriba es nuestro castillo, adonde tiene que llegar Big Bill. Y la cruz de abajo es donde Big Bill está ahora", dijo.

"¡Qué buen mapa!", dijo Restia, y se lo envió por correo a Big Bill.

¿Crees que este mapa ayudará a Big Bill a encontrar el castillo?

Big Bill recibió el mapa. Lo miró y lo miró.

"Esto es sólo una línea", dijo. "No me ayudará a encontrar el camino."

Así que llamó a los Monstruos otra vez.

"Hola", dijo Multiplex.

"Hola", dijo Big Bill. "Necesito más ayuda. ¿Puedes marcar algunos puntos de referencia en tu mapa?"

"¿Puntos de referencia?", preguntó Multiplex. "¿Qué es un punto de referencia?"

¿Qué crees que es un punto de referencia?

11

"Los puntos de referencia son cosas conocidas que veré de camino al castillo", dijo Big Bill.

"Pueden elegir cosas grandes y de muchos colores, como la bandera de Monstruópolis,

el depósito de agua, la gran estatua, o el restaurante."

"Si los marcas en el mapa, me ayudarán a encontrar el castillo."

¿Por qué poner puntos de referencia en el mapa ayudará a Big Bill a encontrar el camino?

"Voy a marcar algunos puntos de referencia ahora mismo",
dijo Multiplex. "Seguro que eso ayudará."

"No estoy seguro de dónde marcar los puntos en el mapa", dijo Multiplex. "Los pondré donde queden bien."

Y Multiplex le envió el nuevo mapa con los puntos de referencia a Big Bill.

¿Crees que este mapa ayudará a Big Bill?

Big Bill recibió el mapa y salió a probarlo.

"¡Oh no!", dijo. "Esto no me ayuda para nada."

Volvió a su casa y llamó a los Monstruos Matemáticos.

"Multiplex, no pusiste los puntos de referencia en
su sitio", dijo.

"Trataré de arreglar el mapa", dijo Multiplex.

Multiplex colgó y dijo: "Quiero ayudar a Big Bill, pero no sé dónde marcar los puntos de referencia".

"Ya sé lo que podemos hacer", dijo Restia.

¿Qué puede hacer Restia para saber dónde marcar los puntos de referencia?

"Vamos a la ciudad. Así veremos dónde están realmente los puntos de referencia", dijo Restia. "Después podremos hacer un mapa nuevo. Seguro que eso ayudará."

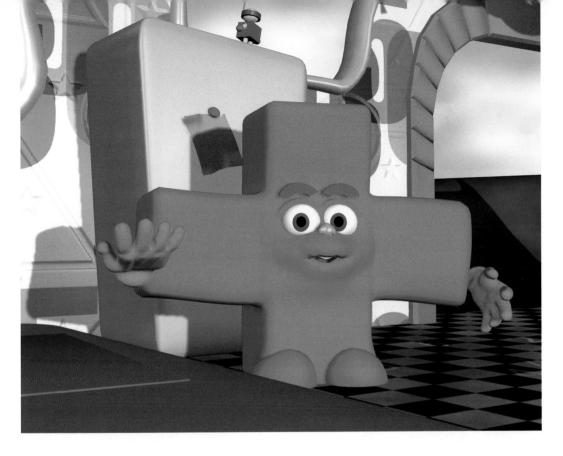

"¿Hay algo más que podamos poner en el mapa para que sea mejor?", preguntó Sumito.

¿Qué otras cosas ayudarían a los Monstruos Matemáticos a hacer un buen mapa?

"Podemos dibujar las calles y poner los nombres",
dijo Restia.

Los monstruos se fijaron en los carteles de las calles.

Multiplex dibujó las calles en el mapa. Escribió los nombres y marcó los puntos de referencia donde iban.

¿Cómo crees que será el nuevo mapa? ¿Será mejor?

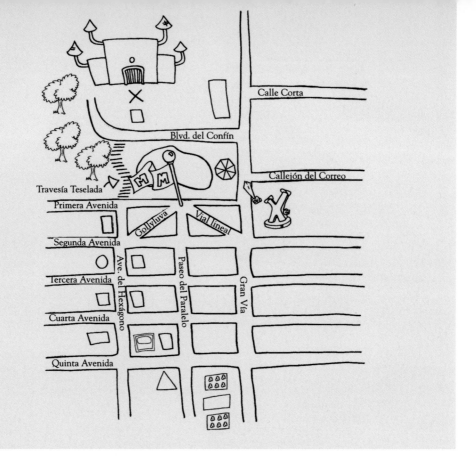

"¡Qué bien está este mapa!", dijo Sumito.

"Será mucho más útil", dijo Divi.

"Vamos a enviárselo a Big Bill", dijo Restia.

Big Bill estaba muy contento con el nuevo mapa. "Me encantan las fiestas", dijo y se puso a cantar una cancioncita:

"Me voy para una fiesta,
ya salgo para allá.
Me voy para una fiesta,
el mapa me ayudará."

¿Puedes hacer un mapa de tu comunidad? ¿Qué otros tipos de mapas conoces?

ACTIVIDADES

Página 5 Invite a los niños a hablar del tipo de fiestas que más les gustan. Conversen sobre lo que se necesita para organizar y preparar una fiesta.

Página 7 En casa o en la escuela, consiga un mapa de cualquier tipo, como un mapa del mundo, uno de carreteras o un atlas. Hablen sobre un viaje imaginario que les gustaría hacer y converse con los niños sobre cómo el mapa les sería útil para encontrar el camino.

Página 9 Ayude a los niños a darse cuenta de que una simple línea dibujada en un papel no proporciona suficiente información para orientarse.

Páginas 11, 13 Pida a los niños que cierren los ojos y se imaginen que vuelven a casa desde el parque. Invítelos a pensar en las cosas naturales o hechas por el hombre que ven por el camino; por ejemplo: una oficina de correos, un columpio, una estatua o un gran árbol. Éstos son puntos de referencia.

Páginas 15, 17 Haga dos mapas del salón de clases o de la cocina. Incluya los mismos objetos en ambos mapas, pero de manera que sólo en uno se refleje la ubicación correcta de los objetos. Pida a los niños que comparen ambos mapas. Explique por qué es importante situar correctamente los puntos de referencia para que el mapa sea útil.

Páginas 19, 21 Haga con los niños un mapa de su comunidad. Conversen sobre otros elementos, además de los puntos de referencia, que podrían incluirse en el mapa para que fuera más útil; por ejemplo: calles, parques, edificios y señales.

Página 23 Invite a los niños a descubrir las distintas maneras que se han usado para representar el mundo y el universo por medio de mapas; por ejemplo: mapas del fondo oceánico, mapas de la Luna y mapas del espacio.